DER ANFANG

Hrsg. Ulrich Heerd

DER ANFANG

Michaels Verlag, 89671 Peiting

Impressum
Hrsg. Ulrich Heerd
Der Anfang
Michaels Verlag,
Sonnenbichl 12, 86971 Peiting
1. Auflage September 1995
Titelgestaltung: Agentur AYLA
Die Farbabbildung auf der Titelseite gibt es auch als Postkartenset
des Künstlers Roland Frey. Das Set ist über den Verlag erhältlich
Gesamtherstellung: Agentur AYLA, 86971 Peiting
Druck: EuroGraf s.r.l., Bologna, Italy
ISBN 3-89539-298-7

Danksagung

An dieser Stelle sei Dank,
dem großen Michael
und
dem kleinen Michael

„Was uns die dreieinige Gottheit schenkt,
das erkennt,
wer offen ist und dreifach denkt."

Marcus Haseitl

IN DER MITTE DER NACHT

Ich werde wach! Wurde ich geweckt? Was war das, was mich in der Mitte der Nacht aus meinem tiefen Schlaf weckte?
Es ist stockdunkel und ich bin etwas durcheinander, mußte mich, im Bett liegend, erst einmal zurechtfinden.
Wo war ich? Erst allmählich wird mir klar, daß ich immer noch in meinem Bett liege, aber wieso liege ich „kopfunter" im Bett, mit dem Kopf am Fußende, das mitten in das Zimmer ragt?
Ich kann nur mit dem Kopf zur schützenden Zimmerecke hin einschlafen, ja und jetzt wache ich, mit dem Kopf am Fußende ruhend, mitten in der Nacht auf und bin durcheinander, durcheinander und verwirrt und weiß nicht, was mich so erschreckt hat. War es ein Geräusch, ein Traum, ist jemand in mein Zimmer gekommen?

Langsam zieht eine tiefe Ruhe in mich ein, mein Atem wird gleichmäßig und tief. Da merke ich, wie nervös ich gerade noch war. Ich hatte ganz hektisch geatmet, oder hatte ich den Atem angehalten? Ich weiß es nicht mehr. Jetzt wo ich ganz entspannt und ruhig daliege und so beruhigt atme, wird mir nur

klar, daß es bis kurz zuvor noch ganz anders - vielleicht getriebener - war.
Es ist so stockdunkel, daß es nur noch Schwärze ist, die mich umgibt, dunkle, tiefe Schwärze.
Ich weiß nicht, ob Ihr euch das vorstellen könnt, so eine absolut tiefe Schwärze. Du machst erst gar nicht den Versuch, die Hand vor die Augen zu halten, es wäre sinnlos, es ist einfach nur dunkel. Und doch: Ich glaube, jetzt wird es schwer für mich, Euch das zu erklären, sehe ich alles, was in meinem Zimmer ist, einfach alles. Oder ist es besser, wenn ich sage, es ist ein tiefes Erahnen von den Dingen, von dem Stuhl und den Sachen darauf, von dem Schrank und den Sachen darin, von meinem Schreibtisch und den Büchern und den Briefen und ..., ja, es ist ganz einfach ein tiefes Wissen von den Dingen. Ich weiß von ihnen, wo und wie sie daliegen, ich kann sie liegen sehen, obwohl es stockduster ist.
Ihr müßt Euch das so vorstellen: Ich liege kopfüber in meinem Bett, bewege mich nicht, es ist die totale Schwärze im Raum, und ich liege so da und sehe alles, was so im Zimmer ist, ohne meinen Kopf zu bewegen.

Ich merke zwar in dem Moment, daß das nicht geht, aber es ist trotzdem so und ich akzeptiere die Situation, ich liege ganz ruhig da und habe die ganze Zeit über das Gefühl, ich hätte mich die ganze Zeit über gewundert und fände es aber gerade jetzt in Ordnung. Dieses Gefühl, sich bis gerade eben noch gewundert zu haben und es jetzt aber zu verstehen, zu akzeptieren, es zuzulassen.

Ich liege also auf dem Bett und kann in meinem Buchmanuskript, an dem ich abends noch gearbeitet habe, Zeile um Zeile, Seite um Seite lesen, oder besser gesagt, ich vergegenwärtige mir den Text - im Bett liegend, ohne mich zu bewegen. Ja, auch das ist wichtig: Ich will mich nicht bewegen, habe Angst der Zauber des Moments verflüchtigt sich, und so liege ich total entspannt im Bett und habe das Gefühl, bis gerade eben noch ganz angespannt gewesen zu sein - und jetzt völlig ruhig zu liegen. In diese Ruhe tauche ich immer tiefer und tiefer ein. Ich atme und trinke die Stille - sie hüllt mich ein, deckt mich liebevoll zu, Geborgenheit ist der richtige Ausdruck, und doch schläfert sie mich nicht ein. Wach bin ich, ganz wach. Ich bin mir sicher , so wach wie in diesem Moment war ich noch nie, ja, hellwach bin ich.

Ist es diese Überwachheit, diese „Hell"-Wachheit, die mich alles um mich herum sehen läßt?

TRÄNENNASSES OHR

Über mir die Decke (Balken/Schindel), alles schrumpft auf eine dünne Haut zusammen. Natürlich sind sie über mir und doch, sie sind egal, sie scheinen ihre Aufgabe und Bedeutung verloren zu haben. Der Sternenhimmel leuchtet klar und deutlich über mir, und je länger ich mir die Sterne anschaue, je mehr werden es , immer mehr, immer strahlender, jetzt sehe ich ganze „Sternennebel", einzelne Sternbilder erkenne ich ganz deutlich. Nicht daß ich mich bisher besonders für die Sterne interessiert hätte, von all den Zeichen und Bildern konnte ich manchmal den Wagen erkennen, aber auch nur manchmal und ganz sicher war ich mir auch nie. Und jetzt, jetzt liege ich also in meinem Zimmer, mit einer dicken Decke und einem Dachgeschoß und Dachziegeln über mir, und sehe so deutlich wie noch nie die Sterne über mir.

Bin ich verrückt geworden, was ist mit mir geschehen? Bin ich nur am Träumen, was habe ich vor dem Schlafen gegessen, getrunken? Ein „Flash-back" nach all den vielen, vielen Jahren?

Fragen, die ich mir irgendwie vorhin noch gestellt habe, sie tauchen auf und gehen aber auch wieder, es bleibt die wache Gewißheit: Ich liege wach im Bett und sehe die Sterne so deutlich, so klar, so nahe vor mir, daß ich weinen möchte, kein verzweifeltes Weinen, nein, einfach nur so ruhig daliegen und weinen. Hin und wieder verschwimmen kurz die Sterne, für kleine Sekunden, dann wieder rollt eine Träne aus dem Augenwinkel unterhalb meiner Schläfen und netzt mein Ohr .

Und vielleicht glaubt Ihr nun, jetzt ist er ganz verrückt geworden, wenn ich Euch sage, ich habe die Sterne nicht nur gesehen, ich habe sie gehört, geschmeckt und geatmet. Sie haben mich von sich kosten lassen, haben mich ihre Harmonien hören lassen, das Klingen einzelner Saiten, eine leise Taste eines Klaviers und dabei ein Rauschen eines Windes, ein Prasseln, ein Stürmen, ja, ganz, ganz ausgefüllt von den Sternen liege ich hier, hell-wach, schmeckend, hörend, weinend, eingetaucht in ein Meer von Sternen und bin ganz weg, ganz aus dem Häuschen, wie man bei uns zu Hause so sagt, und doch: Ich bin, ich bin ganz bei mir, tief in mir ruhe ich, so klar und deutlich bin ich bei mir, daß ich meine, noch nie mehr ICH gewesen zu sein. Ich bin wieder völlig ruhig und klar. Klarheit fällt mir dazu ein, klar: Klarheit - es ist so und nicht anders, so ist es, und so ist es gut. Ja nur so ist es gut.

Angst?
Nein, Angst habe ich kein bißchen, aber ein Teil in mir ist grenzenlos erschüttert, ein anderer Teil ist grenzenlos ruhig und klar und dankbar.
Dankbar, ja ich glaube, die Tränen die da immer noch laufen, laufen aus Dankbarkeit in mein Ohr.

DIE FRAGEN RUHEN

Fragen? Ja, viele Fragen. Aber es ist so deutlich ein fraglos schöner Zustand, daß, ehe die Fragen stören können, sie auch schon in die Harmonie gestellt werden. Nicht alle Antworten verstehe ich, sie kommen, und ich kann sie nicht alle ergreifen, und doch stimmen sie, hinterlassen Harmonie, die Antworten sind da, da oben. Gerne hätte ich jetzt auch gesagt „da oben und in mir". Aber in mir sind sie nicht, in mir ist etwas anderes - etwas was genauso wichtig ist. In mir sind Fragen - und ich begreife, es geht nicht nur um die Antworten, es geht um die Fragen. Antworten auf diffuse, an der Oberfläche schwimmende Fragen machen nicht satt. Keine Antwort kann besser sein als ihre Frage. Die wirklichen Fragen ruhen in mir an der richtigen Stelle - und die wirklichen Antworten ruhen ganz in der Harmonie und warten auf das richtige Zauberwort, auf die richtig gestellte Frage, im rechten Moment, gestellt in der richtigen inneren Haltung.

DIE ANTWORT SPRICHT

Eine so gestellte Frage fordert immer die richtige Antwort heraus. Sie tritt vor Dich und spricht: Hier bin ich, schau mich an, trage mich von nun an in Dir, aber achte mich, behandle mich würdig, schmeiße mich nicht denen vor die Füße, die mich nicht gerufen haben, teile mich mit all denen, die Dich nach mir aufrichtig fragen, nimm mir nicht die Würde, trage mich nicht vor Dir her, aber vergrab mich auch nicht in Deinen tiefen Gründen, in Gründen die Du selber noch nicht kennst. Warte auf den richtigen Moment, aber halte mich gepflegt, daß ich im rechten Moment scheine und mein silberblaues Licht in offene Herzen ergießen kann.

Sowenig ich meine Strahlkraft entfalten kann, wenn Du mich vorzeitig herauszwingst - mit mir brauchst Du Geduld - sowenig kann ich der Wahrheit den Weg leuchten, wenn Du Dich an mich klammerst und mich begräbst.

Oh ja, Du kannst mich begraben, doch dann werde ich nur ein kleines Totenlicht auf einem der namenlosen Gräber sein.

Zwingst Du mich zu früh heraus, werde ich strahlen, leuchtend und bunt, man wird mich strahlen sehen in allen Farben, neonleuchtend und viele werden

begeistert sein, aber sie werden hinter all der Farbenpracht und dem Glanz nicht die Schlichtheit meiner Wahrheit sehen.
Nein, behandele mich würdig und teile mich aus, an den , der, in der richtigen Haltung, die richtige Frage stellt.

Aber, so rufe ich ihr zu, was ist mit mir, wieso ich, wieso zeigst Du Dich mir in Deinem blauen Gewand, Du Antwort mit den silbern gewirkten Fäden?
Und als Antwort schenkt sie mir Fragen, Fragen von solcher Klarheit und Einfachheit, wie ich sie als Kind gestellt habe.
Und jede Frage gebärt ihre Antwort, so wie eine Knospe eine wundersame Blüte ins Leben entläßt - strahlend schön, duftend und immer gerade dann aufspringend, wenn man nicht hinschaut, um abends, wenn sie sich wieder schließt, alles wieder in sich aufzunehmen. Die Antwort ruht in jeder Frage, in ihrem bedingungslosen sich täglich neu Öffnen, ihren Duft wieder verschenkend und der Welt ihren Anblick hingebend, für den, der Augen dafür hat, für den, der reinen Gemütes ist, für den, der ihre Einfachheit sehen will.

Fragen durchströmen mich, Antworten lächeln mir zu - sie kommen von den Sternen.

Ja, frag ruhig. Sie machen mir Mut: „Wir, die Sterne, sind älter, älter als die Erde, manch einer weiß von den Anfängen zu berichten. Frag uns. Und wenn Du uns nicht glaubst, frag unsere Bewohner. Wir leben und auf uns wird gelebt. Ja, frag uns, oh wir haben viel zu sagen". Der Raum ist voll des Raunens. Ich habe das Gefühl, alle Sterne strahlen gleichzeitig zu mir. Ich bin eingetaucht in ein Sternenlicht ...

„Hör nicht auf das Sternengeschwätz", dies ist die mir inzwischen vertraute, ruhige, klare Stimme, „sie säuseln, sie kichern und freuen sich an Deinem Staunen. Weißt Du nicht, daß sie immer schon laut waren, daß sie schon immer faszinieren wollten, mit ihrem Blinken, mit ihren Erkenntnissen, ja, sogar mit ihrer Technik gehen sie hausieren. Sie machen ein gewaltiges Durcheinander und einen gewaltigen Lärm und wollen ihn Dir als Fortschritt verkaufen. Frage Dich: Womit zahlst Du, was ist der Preis? Sie geben Dir Glasperlen für Deine Würde. Weißt Du denn nicht, daß Du viel mehr bist? Sie sind Handelsvertreter in eigener Sache.

Sie brauchen Dich, nicht Du brauchst sie.

Aber jetzt mußt DU Dich entscheiden. Ich biete Dir keine Sirenengesänge, keine Heilsversprechungen, keine Antwort auf Deine Probleme zuhause. Ich werde Dir kein Rezept geben, um die Welt zu retten und keine Pläne für neue Stationen. Nein, wenn Du das suchst, dann mußt Du jetzt gehen. Ich biete Dir kein Brot und keine Spiele, keinen Rausch und keine faszinierenden, schillernden Glasperlen.
Wenn Du jetzt wieder zu Dir findest und wieder ruhig wirst, können wir weitergehen.
Ich verspreche Dir nur eins: Heute gehe ich mit Dir, soweit Dich Deine Sehnsucht und Deine Fragen tragen. Du bestimmst, wie schnell und wie weit wir gehen. Du bestimmst auch den Zeitpunkt Deiner Rückkehr. Dieser Weg ist ein Weg der Balance, wenn Du sie verlierst, ist er zu Ende.

MEIN ATEM WIRD MEIN ATEM

Die Stimme schweigt - ich schweige. Aber ich komme kaum zur Ruhe, ich sehe faszinierende Bilder, fliegende Scheiben, Geräusche, Versprechungen, Pläne durchschwirren meinen Kopf und dann sage ich laut, so laut, daß ich mich selbst erschrecke: „RUHE, RUHE! Ich will das alles nicht!" Und mit einem Mal ist tiefe Ruhe in mir, ich zittere noch etwas, die Anspannung ist vorbei.

Mein Atem wird wieder zu meinem Atem, ruhig und gleichmäßig.

Das hektische nach Luft hecheln, vor lauter Aufregung in den letzten Minuten, ist vorbei. Ich atme tief und fest, fast so, als wenn die ganze Schöpfung durch mich atmet oder besser: Ich atme im Gleichklang mit der gesamten Schöpfung.

Oder noch besser: Ich scheine eingetaucht zu sein in dem gleichmäßigen, rhythmischen Atem der alles belebenden Schöpfungskraft.

Wie kann ich da noch sagen: „Mein Atem wird zu meinem Atem." Und doch, so ist es. Ja, in dem Moment erfahre ich: Mein eigener Atem hat Teil an diesem einen Atem. Mein Atem aus seinem Atem, mein Sein aus seinem Sein.

„Weißt Du", so spricht die vertraute Stimme weiter, „die Schöpfung ist voll von Leben, und es gibt solche und solche, hier wie auch bei Dir auf der Erde, denn wir sind alle innerhalb der Schöpfung, und glaube mir, auch wenn Du es vielleicht nie begreifst, alle Wesen, alles was lebt, wartet auf Euch - den Menschen. Ihr gebt Zeit, Geschwindigkeit und Richtung an. Die einen fürchten Euch, die anderen können es kaum erwarten, daß Ihr Euch dem Ziel nähert, und diese schicken Euch ungefragt Ratgeber, um die Entwicklung voranzutreiben. Aber egal, was das Anliegen dieser beiden ist, sie nehmen Euch Eure Würde, gewollt oder ungewollt. Und der ungefragte, weise Ratschlag, der zu früh kommt, weil er nicht aus Euch heraus geboren wurde, nimmt Euch etwas von Euch, macht den Weg länger und schwerer. Wisse, nur die besten unter allen Geschöpfen haben den nötigen Glauben und die nötige Kraft und die nötige Geduld, um auf Euch zu warten. Diese aber dann werden Euch bereitwillig folgen."
Ich aber merkte mir alles und während sie mir das alles sagte, verstand ich es auch. Ich wußte genau, was sie meinte, denn ihre Worte waren eingebettet in ihrem Atem und meiner verband sich mit ihrem, und ich nahm ihn in mir auf, und der Atem der Wahrheit füllte meine Lunge und mein Herz und

meinen Kopf, und jede Zelle wußte davon, und es war so, als sei ich auf den Kopf gestellt und meine Füße standen fest - oben, im Reich des Atems. Und es war, wie wenn ein klarer, kühler Wind mich umwehte - erst meine Füße, dann meinen Bauch, mein Herz und meinen Kopf, und doch war alles anders; da wo mein Herz sein sollte, war mein Kopf und ich staunte darüber. Da sprach die Stimme wieder zu mir:

„Wundere Dich nicht, Du siehst nur mit dem Herzen gut". So konnte ich alles begreifen, jedes der Worte wurde sichtbar und lebendig in mir, und ich legte meine Hände in die Wunden und nahm die Bilder in mein Herz.

„Sternenweisheit ist Sternenweisheit", sagte die Stimme in mir, „sie wissen nichts von den wirklichen Anfängen. Wie denn auch?" Die Weisheit schaute mich an. „Anfänglich ruhten sie noch in mir."

MEIN SEHNEN IN IHREN AUGEN

Ich will wissen, tief in mir formen sich Fragen, und mir schwindelt etwas, ein Bild taucht in mir auf - eine Frau?
Eine Frau in blauem Gewand - mit blauem Gewand und silbernen Strahlen - steht neben mir. Die Stimme mit den lebendigen Worten hat Gestalt angenommen, und diese Gestalt reicht mir die Hand. Ein tiefes Beglücken, Mut und Zuversicht erfüllt mich, wie ich es bisher nicht gekannt habe.

Mutter?
Ich schiebe den Begriff beiseite, er ist zu sehr mit anderen Inhalten belegt, und doch, etwas bleibt, eine Ahnung, etwas Urmütterliches hat mich an die Hand genommen. In ihren Augen sehe ich meinen Mut, meine Fragen leuchten mir entgegen, ja, in dem spiegelblanken, ruhigen See ihrer Augen sehe ich meine Fragen klarer und deutlicher, als ich sie je selber hätte stellen können, und ich sehne mich hellwach den Antworten entgegen.
Dieses Sehnen ist es, was mich an ihrer Seite weiterführt, mein Sehnen in ihren Augen. Ich will meinen Blick nicht von dem ihren lösen. Ihr Gesicht, so

zart und rein und doch wissend, nein, Bitternis sah ich nicht in ihrem Antlitz - und all die Schmerzen, so frage ich mich, was ist mit all den Schmerzen, prägen die nicht auch ein Gesicht?

Und dann schwindet dieses Gesicht, was bleibt sind diese Augen und mein Sehnen, ich habe jetzt kein Empfinden mehr außer diesem: eingetaucht zu sein in diesen See.

Eingetaucht in den blanken Spiegel der ewigen Gnade verlasse ich die Sterne und bin - ja, bin in der Reinheit.

KNIEND AM FUSSE DES SEES IHRER AUGEN

Weite, endlose, schöne Weite, unendliche Weite der Weisheit, kann man mehr zu Hause sein, ohne Bedürfnisse, ohne Triebe, einfach nur da sein? Einen Moment lang taucht ein Zweifel auf, darf ich jetzt noch Fragen?
Frag! Laß Dein Sehnen nicht enden, aber, so scheint mir der Blick flehentlich zu sagen, stelle die richtigen Fragen, halte die Balance, stelle sie in der richtigen inneren Haltung. Und so verharre ich - eine kleine Weile - eine kleine Ewigkeit - vielleicht verharrt ein Teil von mir immer noch kniend am Fuße des Sees IHRER Augen. Ich ruhe in mir und mit jedem Atemzug entströmt eine tiefe Ruhe, und mit jedem Atemzug nehme ich eine noch tiefere Ruhe in mir auf. Ruhe trinkend harre ich da, sammle mich und langsam, fast ohne daß ich es merke, wächst sie in mir heran, eine weitere erste Frage, ja, eine weitere erste Frage. Die Knospe, die da heranwächst, will sich öffnen, und ich weiß, Myriaden von Fragen werden sich ergießen, und ein erstes tiefes WARUM entströmt meinem Herzen.

GEH BIS ZU DEINER SEHNSUCHT RAND

„ICH LIEBE",

steht im Raum und eine Vielzahl von Abläufen durchlebe ich durch sie, sie, die mir ihren See, ihre Augen schenkte. In meinen Worten und auf`s Papier gebracht erscheint es mir blasphemisch, über und über lästerlich - darf ich überhaupt davon berichten, sind meine Worte nicht nur Stückwerk, nicht mehr als zerbrochenes Spielzeug in Kinderhänden? Und doch, auch dieses Spielzeug hat Bedeutung, wird das Kind weinen, wenn man sein zerbrochenes Spielzeug wegschmeißen will.
Von all den Großen, denen ich hier begegnen durfte - sagte ich Großen? - will ich einen hier zitieren. Dieser schenkte mir drei Gedichte, hier am Rande der einen Unendlichkeit. Es sind die zwei folgenden Gedichte, die mir die Gewißheit schenkten:

ICH DARF

„Gott spricht zu jedem ...
... Von deinen Sinnen hinausgesandt,
geh bis an deiner Sehnsucht Rand;
gib mir Gewand.
...
Laß dir Alles geschehen: Schönheit und Schrecken.
Man muß nur gehen:
Kein Gefühl ist das fernste.
Laß dich von mir nicht trennen.
Nah ist das Land,
das sie das Leben nennen.
Du wirst es erkennen
an seinem Ernste.
Gib mir die Hand."

Und das zweite von den drei Gedichten welche ich von Rainer Maria Rilke geschenkt bekommen habe, lautet:

„Dir ist mein Beten keine Blasphemie:
als schlüge ich in alten Büchern nach,
daß ich dir sehr verwandt bin - tausendfach.
Ich will dir Liebe geben. Die und die ..."

Am Rande eines Sees kniend, am Rande der einen Unendlichkeit, schaue ich den Urbeginn, den Uranfang, und so groß meine Verwunderung am Beginn meiner Reise und auch während meiner Reise war, jetzt ist jedes Erschrecken fortgewischt.
Ruhig und mit großen Augen offenbarten sich, im Spiegel der See der Weisheit, für mich die Uranfänge des Urbeginns. Was ich erlebe, ich will davon zeugen:

DIE LIEBE
DER VATER

Am Anfang schaue ich nur Liebe. Liebe, Liebe und nur Liebe, alles ausfüllende Liebe, sich verschenkende, ewige, ausströmende Liebe. Alle Weite die es gibt, wird jetzt hier und jetzt und immerfort, für alle Zeit und alle Ewigkeit erzeugt, unaufhaltsam ausstrahlende Liebe - UNENDLICHE LIEBE. Nichts was sonst noch da wäre, kein Mensch, kein Engel noch sonstiges Wesen, kein Stern, kein All, kein Raum und keine Zeit - nur LIEBE.
Und nur um der Sprache willen und um des besseren Verständnisses willen, auch wenn ich damit wieder Türen zu Herzen schließen werde, so will ich diese Liebe benennen mit dem Namen: VATER (oh, daß Ihr Euch daran nicht stören mögt), und dann, auch wenn ich hier noch keine Zeit gesehen habe, sehe ich Abläufe, Folgen, und doch es mag zur gleichen Zeit geschehen und geschieht jetzt und jetzt und unaufhörlich.

DAS LIEBESBEWUSSTSEIN
DER SOHN

Ich sehe: aus dem Vater tretend den, den ich Sohn nennen will (oh, daß Ihr Euch daran nicht stören mögt). Die LIEBE, die „nur" LIEBT, verändert sich, sie wird sich „SELBST- Bewußt". Etwas Neues ist entstanden, aus der LIEBE heraus ist das LIEBES-BEWUSSTSEIN entstanden.
Irgendwo in mir höre ich eine leise Stimme und nun bekomme ich das dritte Gedicht von ihm geschenkt:

„ ... doch der Sohn ist mehr,
ist alles, was der Vater war, und der,
der er nicht wurde, wird in jenem groß;
er ist die Zukunft und die Wiederkehr,
er ist der Schoß, er ist das Meer ... "

Dies war nun das dritte Geschenk von R.M.Rilke, und ich zweifle nicht an der Wahrheit.
Aus dem Vater tritt der Sohn, die LIEBE wird sich ihrer Selbst bewußt, sie ist nicht mehr „nur" Liebe, sie ist LIEBES-BEWUSSTSEIN.
Der Sohn, das LIEBES-BEWUSSTSEIN liebt den Vater.

Das LIEBES-BEWUSSTSEIN liebt die LIEBE, und der Sohn möchte dem Vater aus Liebe Etwas schenken - etwas was dieser lieben kann, ein Gegenüber - etwas was die reine LIEBE lieben kann.

Was aber kann es geben, wo es nur Liebe gibt?
Was kann der Sohn schenken, wo es nur Liebe gibt?
Aber halt, sagte ich: Wo es nur Liebe gibt? Das stimmt doch nicht mehr, es gibt etwas, was den Sohn vom Vater unterscheidet, das Bewußtsein im LIEBES-BEWUSSTSEIN.
Das LIEBES-BEWUSSTSEIN ist eben nicht „nur" LIEBE.

DAS OPFER
DER GEIST

Der Sohn, das LIEBES-BEWUSSTSEIN, zieht sich auf das Wesentliche in sich zurück, auf sein Wesen, auf die LIEBE. Er konzentriert sich - er meditiert - er sammelt sich - er wird selber wieder zur reinen LIEBE, er macht sich dem Vater gleich und opfert sein Sohn-Sein, sein Eigen-Sein. Er liebt den Vater und beschenkt ihn mit dem erhabensten Geschenk das er hat. Er opfert das, was ihn unterscheidet, er macht sich ihm gleich. Er zieht sich aus seinem Bewußtsein zurück, er opfert sich.

REINES BEWUSSTSEIN - DAS ERSTE SEIN

Die LIEBE zieht sich also aus dem LIEBES - BEWUSSTSEIN zurück und es bleibt reines BEWUSSTSEIN.
Was jetzt geschieht ist urgewaltig. Eine Art erster Urknall geschieht, so Vieles geschieht gleichzeitig und immerfort, und ich soll es in eine Reihenfolge bringen.
Die Liebe, als sie sich aus dem LIEBES-BEWUSSTSEIN zurückzieht, hinterläßt zuerst einmal reines Bewußtsein. Also ganz sachlich ruhig und klar, das erste Geschaffene, das Erste was außer der Gottheit war und ist, ist das erste Bewußtsein. Reines Bewußtsein war und ist also das erste Sein. Zuerst war also das Bewußtsein noch im LIEBES-BEWUSSTSEIN, und in dem Maße, indem sich die Liebe aus dem LIEBES-BEWUSSTSEIN zurückzieht, wird reines Bewußtsein frei- und ausgesetzt.

Ich muß es noch einmal und noch einmal schreiben. Wie kann ich denn nur solche Unvorstellbarkeiten in solch einfachen Sätzen pressen? Aber es ist nun mal so: Am Fuße ihres Sees kniend bekam ich solch klare

Bilder und die waren so, wie ich sie beschrieben habe; einfach und klar.

Ja, ja, und ja, zuerst war nur die LIEBE (den, den wir Vater nennen), dann das LIEBES- BEWUSSTSEIN (der Sohn) - aus dem LIEBES-BEWUSSTSEIN zieht sich die LIEBE zurück (das Opfer) und es bleibt reines Bewußtsein. Das Erste Sein ist also reines Bewußtsein - reines Bewußtsein in Gott, wird also durch das Opfer des Sohnes , durch das sich daraus Zurückziehen, zum ersten Bewußtsein von Gott.

Aber nicht nur zum ersten Sein wird es, es geschieht so unermeßlich viel gleichzeitig , damals jetzt und immerdar - Welten von Bildern stürzen über mich hinein.

DER SPIEGEL

Ich stehe in der Brandung eines großen Meeres und die überschlagenden Wellen brechen über mich herein. Fast möchte ich meinen, mein Bewußtsein schwindet mir. Fast möchte ich meinen, „gleich sinke ich ohnmächtig zu Boden", da merke ich, eigentlich ist es nur die Gischt, die vom Winde herangetragen mich berührt und meine Seele ergreift. Die Wellen, sie sehen noch ganz anders aus. Das Meer, ich erahne es in der Gischt, aber es ist die Gischt aus diesem Ozean, aus dem Ozean ihrer Augen, ich stehe der Dreieinigkeit gegenüber.
Ich erlebe durch Anschauen. Ich schaue in ihre Augen. Ich bin in in diesen ruhigen, klaren See eingetaucht und alles was ich erlebe - auch die gewaltigsten Wogen - alles finde ich im Spiegel dieses ruhigen Sees.

SEIN - NICHTS

Ich sehe wie das Erste entsteht - das erste Sein - aber nicht nur das erste Sein entsteht. Ich sehe ein Nichts. Das erste Sein - das reine Bewußtsein - ist auch ein Nichts, ein garnichtiges Nichts, ein absolut, garnichtiges Nichts. Nichts ist da, nichts Materielles. Im materiellen Sinne ist Nichts da. Im philosophischen Sinne ein Nichts, denn das was da ist, definiert sich aus einem Mangel an Etwas. Etwas, was vorher war, hat sich zurückgezogen. Es ist da nicht mehr, es hinterläßt ein Nichts. Ein Nichts aber auch im religiösen Sinne. Denn was sollte sein, wo nicht mehr Gott ist, etwas das nicht mehr in Gott ruht, etwas in dem nicht mehr Gott ist. Das was da ist, ist ein Nichts. Es ist nicht irgendein Nichts, es ist das Nichts.
Ein Bewußtsein in Gott wird zum ersten Sein, und dieses erste Sein hat auch die Qualität eines ersten Nichts.

„Sein und Nichtsein bedingen sich einander, die Paradoxie ist der Weisheit letzter Schluß".
Ja, Laotse, Du großer chinesischer Menschheitslehrer, Du hast uns viel von der Wahrheit offenbart.

Ja, Sein und Nichtsein scheinen sich einander zu bedingen. Im Uranfang sind sie Eines. Aber wenn Du sagst: „... die Paradoxie ist der Weisheit letzter Schluß ..." so verstehen wir das immer nur so, daß dies die letzte, endgültige Wahrheit ist. Wir übersetzen: „Schwarz kann man nur als Schwarz erkennen, wenn es auch Weiß gibt und umgekehrt", also auch: „Gutes kann man nur erkennen, weil es auch Nichtgutes gibt", also auch „Wir brauchen das Böse, um das Gute zu erkennen", oder noch einfacher: „Wenn Gott das Böse braucht, damit wir wissen was das Gute ist, dann gibt es kein Böses, dann ist alles nur Maya, Täuschung", dann kommen wir zu dem Ergebnis: „Alles ist nicht mehr bewertbar, gut und böse bedingen sich einander, sie sind sich ebenbürtig, sie brauchen sich und sind gleichwertig, und somit ist die Frage für uns überflüssig, wir müssen nichts mehr bewerten, in Gott ist alles eins, ein Sein - ein Wassertropfen, der sich im Meer der Glückseligkeit auflöst ... "

Oh Laotse, so verstehen wir Dich heute und so wirst Du gepriesen und verehrt und immer mehr Menschen kommen zu diesem Verständnis, aber, Laotse - dieses Verständnis ist falsch, ist wirklich und zu tiefst falsch.

Ich habe am See gestanden, ich habe darin die Trinität gesehen, ich kann bezeugen das dieses Verständnis wirklich falsch ist.

DIE PARADOXIE IST DER WEISHEIT LETZTER SCHLUSS

Die Paradoxie mag der „Weisheit letzter Schluß" sein, nichts war oder ist mehr dahinter oder davor (je nachdem wie man es betrachtet), es mag ihr Anfang und ihr Ende sein. Ja, es mag sein, das das Wesen der Weisheit sehr eng mit der Paradoxie verwoben ist, aber eben nur das Wesen der Weisheit.
Vor allem, auch vor der Weisheit, hat es die Liebe gegeben, und ich durfte sie durch die Augen der Weisheit sehen. Es war die Liebe, die das LIEBES-BEWUSSTSEIN hervorgebracht hat, es war das LIEBES-BEWUSSTSEIN, das ihr Bewußtsein aus der Liebe herausgestellt hat (aus Liebe zum Vater), es war dieses Bewußtsein, das durch dieses Herausstellen zum ersten Sein wurde. Es war dieses erste Sein, das auch ein Nichts sein kann. Und von da an, beginnst Du mit Deiner Erkenntnis über die Weisheit. Aber vielleicht hast Du sehr genau gewußt, was Du gesagt hast. Du hast nur von der Weisheit letzter Schluß gesprochen, und der Weisheit letzter Schluß ist dann natürlich auch ihr Anfang.

DIE WEISHEIT

Ja, Ja, und nochmals Ja, jetzt wird es mir klar. Du hast recht die Paradoxie zwischen Sein und Nichtsein, zwischen Sein und Bewußtsein, ist der Beginn der Weisheit. Nicht nur das Bewußtsein, nicht nur das Sein, nicht nur das Nichts wurde auf einmal geschaffen, auch die Weisheit entstand gleichzeitig in diesem ersten Urknall, in der ersten großen Opfertat.

Oh, wenn ich Dich Laotse, Du großer, weiser Menschheitslehrer, wenn ich Dich ganz begreifen kann, so darf ich mich wohl weise nennen. Wie aber nenne ich die Qualität, die die LIEBE, die Liebe Gottes, ganz begreifen, ergreifen, in sich aufnehmen kann. Ist nicht die Weisheit die Instanz, die die Liebe Christi ganz in sich aufnehmen kann?

Ja, ja, so ist es. Die Liebe zieht sich von da zurück, wo sie vorher war, ja, ja so ist es, aber da wo sie vorher war, da kann sie auch wieder hinein, ja, ja so ist es. Wie ein Fußabdruck im Sand so groß ist wie der Fuß und jederzeit wieder den Fuß aufnehmen kann, so kann der Raum, der entstanden ist, als sich die göttliche Liebe aus ihr zurückzog, diese Liebe auch wieder aufnehmen. Sie ist also so groß, wie die göttliche Liebe, ja, sie ist so groß wie die Liebe. Ist die

Liebe aber unendlich, so ist auch die, welche die Liebe aufnehmen und beherbergen kann, unendlich. Die Qualität, welche die göttliche Liebe aufnehmen kann, erfassen kann, ist die göttliche Weisheit. Ja, aus dem Opfer Christi ist die Weisheit hervorgegangen, sie ist das erste Sein, sie ist das Bewußtsein der Liebe.

DA WO DIE LIEBE ENDET, ENDET DIE WEISHEIT

So unendlich die Liebe Gottes ist, so unendlich ist die Weisheit. Nicht aus sich heraus ist die Weisheit unendlich, sondern sie ist es nur aus der Liebe heraus. Da, wo die Liebe endet, endet die Weisheit. Ihre Unendlichkeit ist also abhängig von der Unendlichkeit der Liebe. Also gibt es zwei Unendlichkeiten. Eine (die Liebe), die aus sich heraus unendlich ist, und eine zweite, die beschränkt ist, die ihre Beschränkung in der Größe der Liebe hat. Sie ist "nur" so groß wie die Liebe und damit begrenzt, das heißt nicht aus sich heraus ohne Grenzen. Ist aber die Liebe grenzenlos, so ist auch die Weisheit grenzenlos. Ja, ja, hier hast Du Deinen Anfang. Du göttliche Geliebte, Du erste Geschaffene, Du Weisheit, Du Gegenüber, Du bist aus Dir heraus begrenzt und doch aus der Liebe heraus grenzenlos. Du bist die, von der wir in der Bibel lesen

(Sprüche 8,22-31):

„Der Herr hat mich schon gehabt im Anfang seiner Wege, ehe er etwas schuf, von Anbeginn her. Ich bin eingesetzt von Ewigkeit her, im Anfang, ehe die Erde war.
Als die Meere noch nicht waren, ward ich geboren, als die Quellen noch nicht waren, die von Wasser fließen.
Ehe denn die Berge eingesenkt waren, vor den Hügeln ward ich geboren,
als er die Erde noch nicht gemacht hatte, noch die Fluren darauf noch die Schollen des Erdbodens.
Als er die Himmel bereitete, war ich da, als er den Kreis zog über den Fluten der Tiefe,
als er die Wolken droben mächtig machte, als er stark machte die Quellen der Tiefe,
als er dem Meer seine Grenzen setzte und den Wassern, daß sie nicht überschreiten seinen Befehl;
als er die Grundfesten der Erde legte,
da war ich als sein Liebling bei ihm;
ich war seine Lust täglich und spielte vor ihm allezeit."

SOPHIA

Oh Weisheit, Du hast mich gerufen und ich bin Dir gefolgt, Du hast mich an Deine Hand genommen und hast Dich mir gezeigt, Deine Geburt durch Deine Augen, hast mir den See Deiner Augen geliehen zum Verstehen, zur Anschauung.

Der erste Anfang, der Beginn, der erste Akt der Liebe war und ist das Opfer (das Opfer des Sohnes aus Liebe zum Vater). Die dadurch entstandene Weisheit (die Alten gaben Dir den Namen SOPHIA s. Philosophie, Anthroposophie), das erstgeschaffene Wesen, sie erkennt, erfaßt die LIEBE. Die LIEBE liebt die Weisheit, und doch bleibt diese Liebe immer unerfüllt, bleibt diese (ach, welch herrliche Provokation) immer jungfräulich. Diese Liebe bleibt immer unerfüllt, vereinen sie sich, ergießt sich die Liebe in die Weisheit, so raubt die Liebe der Weisheit ihr Sein. Sie, die ihr Sein nur aus dem Opfer, aus dem Zurückziehen der Liebe hat, würde sich auflösen, so die Liebe wieder ihren Raum ausfüllen würde und sich in ihr ergießen würde.

Ich stehe da an diesem See, an diesem Ozean der Stille, schaue Bilder von denen ich nicht weiß, ob je ein anderer Verstand solche Bilder geschenkt bekommen hat. Ich bin aufgewühlt, und trotzallem hält sie mich in meiner Mitte.

JEDER LIEBE IST EIN SEHNEN INNE

Ja , ja, ich begreife, auch wenn es mich zutiefst erschrickt: Liebe und Opfer, Liebe und auch ein gewisser Schmerz gehören zueinander, sind untrennbar miteinander verwoben. Liebe ist nur durch Opfer möglich, und wer ein schmerzfreies Leben will, kann dies nur indem er sich selbst vom wesentlichsten abschneidet - von der Liebe.
Welche Lehre uns auch immer Schmerzfreiheit verspricht, verspricht uns ein Leben ohne wahre Liebe.
Wer aber den Weg der Liebe geht, geht auch einen Weg der Schmerzen. Geben ohne Dank, sich verschenken, wie der Duft einer Blume, die sich verschenkt, ohne zu fragen ob der, der da an ihr riecht, gut oder böse ist. Ist da überhaupt jemand der meinen Geruch wahrnimmt?
Den Weg der Liebe folgen, heißt zu opfern, heißt aber auch Mitleid zu haben, mit zu Leiden, aktiv teilnehmen an dem Leid des Nächsten.

Und wenn Du Dich vereinigst, wenn Du Dich ergießt in den Menschen, den Du liebst, wenn Du verschmilzt, wenn ihr eins werdet in der Liebe, so halte Dir dieses königliche Geschenk vor Augen,

dieses Geschenk, das Du bekommen hast. Diese Verschmelzung ist der Göttlichen Liebe nicht gegeben - es ist ein Geschenk an euch.
Die göttliche Liebe bleibt immer unerfüllt, daher ist jeder Liebe ein Sehnen inne, lasse dieses Sehnen zu, übertünche es nicht, es gehört zur Liebe.
Die Jungfräulichkeit erscheint in einem neuen und doch so alten Licht.

DAS SEIN HAT BEWUSSTSEIN

Die Bilder zogen an mir vorüber, und ich tauche in den Augen der „Maria Sophia" - denn so habe ich Dich, Du meine Begleiterin, getauft - einen Moment lang auf, als ich die zwei großen Eigenen sehe. Die Liebe (das 1.) und die Weisheit (das 1. Erschaffene).
Dieses 1. Erschaffene ist so weit, so groß, so tief, so unerforscht. Und obwohl strahlend hell leuchtende Liebe sie umgibt, ist sie in ihrer Tiefe und Weite unerforscht.

In mir wächst und wächst und wächst die Sehnsucht nach Verstehen, wie kann sie Nichts und gleichzeitig Sein sein. In den Augen meiner Begleiterin taucht folgendes Bild auf. Das Sein, welches Bewußtsein von Ihrem Ursprung und der Opfertat hat, ist das, was ich Sein nenne. Sie ist und es ist ein sein, es ist SEIN Sein, weil sie sich ihrer selbst bewußt ist, weil sie von sich und ihrem Beginn weiß. Sie hat die Weisheit von sich und von Gott und ist die Weisheit.

DAS NICHTS HAT NUR SICH

Der Teil aber, der ganz in den Tiefen ist, nachtdunkel und schier endlos, hat kein wirkliches Bewußtsein über sich und seinen Ursprung. Es erkennt nur in sich selbst das Unendliche und hat seine Wurzeln vergessen. Dieser Schleier des Vergessens macht aus dem Sein das Nichts, denn ohne das Bewußtsein der Opfertat ist das Sein Nichts, gar Nichts mehr.

Es ist nicht mehr in der Lage, die göttliche Liebe in sich aufzunehmen, zu erfassen. Diese Qualität fehlt dem NICHTS.

Der Teil des Sein/Nichts, der sich selber nur als unendlich erfährt, erfährt nur sich und nicht mehr das Opfer und die Liebe, die ihm innewohnte. Dieser Teil erkennt nur sich selber und seine Unendlichkeit, und seine Gedanken drehen sich nur um ihn selber. Es entstehen somit eigene Mittelpunkte, die nur um sich selber kreisen. Und so gibt es ein Sein, das im Lichte der Gottheit eingehüllt ist, und ein Nichts, das auf der Suche nach sich selbst, sich in der bedingten Unendlichkeit nur um sich selber dreht. Ein schwarzes, leeres, um sich selber drehendes Nichts, ein Nichts, das wie ein starker Wirbel eine enorm starke Saugwirkung hat, gefräßig alles in sich hin-

einziehend - sich selber verzehrend und sich selber gebärend.
Ein schwarzes Nichts, das bereit ist, alles in seinem Sog aufzunehmen und ins Nichts zu führen. Das Nichts also, als einen riesigen, eigenständigen Schatten des Seins - definiert durch das Fehlen des göttlichen Bewußtseins der Liebe und ihrer Opfertat.

DER LICHTTRÄGER

An dieser Stelle tauche ich auf, gerade noch zitternd, jetzt ruhend an ihrer Hand, schauend in ihren Augen.
Ist mein Sehnen erfüllt?
Ich ahne Abgründe und doch, die Fragen nach dem nächsten Schritt, nach dem Widersacher, nach mir selbst und nach der Welt sind in mir und drängen sich wieder in mein Bewußtsein.

Gütige, liebevolle Augen lächeln mich an, „hab keine Angst", sagen sie mir, und ich sehe eine strahlende, wunderschöne, herrliche, unbeschreibbar leuchtende, alles erhellende Gestalt aus der Liebe hervortreten, und so wie ich die Gestalt sehe, sehe ich ihren Namen: L i c h t t r ä g e r, der Träger des göttlichen Lichtes, tritt aus der Herrlichkeit Gottes, sichtbar in die Weisheit und schreitet bedachten Schrittes zu der Grenze zwischen Licht und Dunkel, zwischen Sein und Nichts um dort die Finsternis auszuleuchten, dem Nichts das Licht des Erinnerns zu bringen.
Das Erinnern an etwas außer ihm, das Erinnern an seine eigene Schöpfung, doch das Nichts dreht sich um Nichts, schneller und immer schneller wirbelt es

um sich und schafft einen riesigen Sog. Was nun geschieht, ich kann es kaum beschreiben.
Stürzt er, der Lichtträger in dieses Nichts, wird er hineingezogen, geht er hinein um es auszufüllen - hält er sich für so stark? Ist es diese Selbstüberschätzung, die ihn in die Finsternis führt? Ist es, weil er sich selbst zur Gottheit erklärt und dort seine Reiche aufbauen will? Ist es, weil er ein erstes Mal ein Eigenes - ein Erstes außerhalb Gottes erkennt? Es gibt viele Gründe warum er in das Nichts eintaucht. Was ist der wirkliche Grund? Ich bekomme keine Bilder, ich bekomme keine Antworten, ich bin irritiert. Nachdem ich das alles sehen durfte, erleben durfte, versagt man mir hier eine Antwort? Warum? „Es geht um Deine Freiheit" - diese Antwort klingt in mir auf. „Schweige und schaue, wichtig ist: Der Lichtträger, mit dem Namen Luzifer, ist von ihm geschaffen, er ist als Gut geschaffen - strahlend, herrlich und kraftvoll mit der ganzen Vollmacht der Gottheit ausgestattet. Frei in seinem Handeln.

DER FALL

Und ich sehe wie er Welten kreiert und Räume erschafft. Und all die ganze Schöpfung ist aus dem Stoff der Gottheit, hineingelegt in das erste Sein, hineingelegt in die Weisheit, hineingelegt in die Sophia. Und er kreiert weiter und weiter und weiter, ich sehe wie er Wesen ins Leben ruft, aber er legt sie in das Nichts. Seine Schöpfung ohne Auftrag und diese Welten verlieren sich in der unendlichen Weite des Nichts. Er will sie nicht verlieren, schaut ihnen nach, er hat Verantwortung für seine Schöpfung, und aus den Tiefen des Nichts strahlen ihm die Sterne seiner Schöpfung entgegen, jubeln ihm zu, verklären ihn, erkennen in ihm ihren Meister, machen ihn zur Gottheit und - er folgt ihnen. War es der Freiheitsmißbrauch, Welten im eigenen Namen zu schaffen? War es das Hineingehen ins Nichts, um dort selber Herr und Gott zu sein? War es die maßlose Selbstüberschätzung und Überheblichkeit, das Nichts füllen zu können?

Sicher war es ein bewußtes Übertreten, eine Selbstverherrlichung und gleichzeitig ein unermeßlicher Raub. Er, der Träger des göttlichen Lichtes, er, der an der Grenze zwischen Weisheit, Licht und Sein auf der einen Seite und Finsternis und Nichts auf

der anderen Seite stehen sollte, um das Licht der Erkenntnis auch in das Nichts zu tragen. Er raubt dieses Erkenntnislicht und trägt es im eigenen Namen in die Finsternis des Nichts.
Ja es ist ganz sicher: Er bringt dem Nichts nicht die Erinnerung an das Licht der Liebe, an das Opferlicht. Er führt das Nichts nicht zurück ins Bewußtsein, sondern er blendet es und raubt ihm ein Stück der Erkenntnismöglichkeit, macht sich selbst zur Gottheit und begibt sich ins Nichts.
Welch erster ungeheurer Sündenfall, welch Mißbrauch von Freiheit, welche unerhörte Selbsterhöhung vollzieht sich da?

WO STEHE ICH ?

Ich tauche kurz wieder auf, ich habe keine Angst, und doch zögere ich, weitere Fragen zum Thema Nichts und Luzifer zu stellen, zu Fall und Raub, und ich spüre ein tiefes Beben. Jetzt weiß ich: weiter fragen kann ich nur, wenn ich bereit bin, mich auch in das dunkle Nichts zu stellen. Ihre Augen spiegeln Antworten, und wenn ich hier weiterfrage, wird sie mir folgen. Oh, diese Wesenheit der Liebe und der Weisheit, diese Frau mit den nachtschwarzen Augen, diese Mutter, die ich Maria Sophia nenne, diesem zarten Mädchen, die meine Tochter ist, dieser heiligen Seele, dieser Frau mit dem liebevollsten Gesicht und dem festen Händedruck, oh, wie ich sie liebe. „ Ich will ihr Liebe geben, die und die..." und doch, sie hält mich fest bei den Händen, und Ströme von Ewigkeiten durchströmen mich, mehr kann ich nicht, alles ist zuviel, oh, ich unbotmäßiger, ich aufgeblähtes Etwas, welche Gnade in diese Augen schauen zu dürfen, und ich will ihr „Liebe geben, die und die...", ich will ... Egal, ich will schweigen, ich entgleite ihr, wenn ich länger um mich selber kreise. Und ich will wissen, zutiefst etwas von ihr erfahren. Ein Lächeln blitzt in Ihren Augen auf, ich fühle mich für einen Moment wieder einmal erkannt.

DAS WESEN DER LIEBE IST WEIBLICH

„Schreibe", sagen mir diese Augen, „schreibe was Du mit Deinem Herzen, mit Deiner Seele, mit all Deinen Zellen gesehen hast" und ich schreibe:
Bewußtsein, Sein, Nichts, Weisheit, Sophia, Mutter, Maria, Jungfrau, Kosmische Geliebte, Urgrund allen Seins, entstanden aus dem Opfer des Sohnes, ein erster Raum, entstanden aus dem Rückzug der Liebe aus dem LIEBES-BEWUSSTSEIN, der Sohn, das LIEBES-BEWUSSTSEIN, konzentriert sich auf sein Wesen(tliches), auf die Liebe, erster Urknall, erster Raum ...
„Alles was Du kennst und siehst, der Mensch, die Tiere, die Erde, die Sterne, das ganze Universum und alle Wesen, hineingestellt in mir, ja, alles ruht in meinem Bauch, reine Potenz, alle Kreatur, alle Schöpfung ist gemeinsames Werk. Ja, ja, ja. Die Gottheit und ich, nichts was geschaffen ist, ist außer mir, ist ohne mich und ohne ihn geschaffen. Nur das was vermeintlich ist, was aber nicht wirklich ist, der Schatten, den der dunkle Bruder wirft, den Schatten, den Du wirfst und alle Schatten aller Wesen, die sie erzeugen, ist nicht von uns. Für diese eure Schatten müßt ihr selber sorgen. Alles was ist, ist

erlösbar, nur nicht diese Schatten, auch wenn sie Gestalt annehmen und selbst, wenn sie handeln und bestimmen. Nein diese dunklen Gesellen sind nicht erlösbar. Ihre Erlösung erlangen sie in Ihrer Auflösung. Wenn Dein Liebeslicht auf Deine Schatten fällt, zerfällt er - löst er sich auf.
Ich selber habe schon vor Gott getanzt, habe vor allen Zeiten vor ihm gespielt und ihn erfreut, war in ihm, bis er mich hinausstellte."
Und wieder zögere ich, mein Blick flackert:
„Du warst in Ihm, bis er dich hinausgestellt hatte?"
Die Frage der Trinität (Gott Vater, Gott Sohn und Gott Heiliger Geist) steht im Raum.
Bist DU der Heilige Geist?
Die Augen schauen mich gütig und traurig an.
Nein, sagen sie mir. Ich bin nicht der Heilige Geist, und Gott ist auch keine Vierheit, wie Du mich gleich fragen willst, sondern eine Dreiheit. Die Liebe (der Vater), das LIEBES-BEWUSSTSEIN (der Sohn) und die Liebe zwischen dem Vater und dem Sohn, die bereit ist, sich opfern zu lassen, oder besser: die bereit ist, sich selbst zu opfern, der Geist der Wahrheit und der Liebe, der alles verbindet (der Heilige Geist). Diese Drei sind Eins, und allen liegt das gleiche Wesen zugrunde, die Opferbereitschaft,

die Liebe, die sich im Tun und im Nichttun ausdrückt, und dieses ist nun mein reinstes Wesen.
So, von nun an schreibe nur noch über „die Gottheit", denn „die" sind mehrere und sind doch Eines, und so sie weiblich ist, ist sie „die", und so sie Eines ist, ist sie „die Gottheit", also schreibe „die Gottheit" ist Eines, und sie ist dreifach in ihrem Sein und weiblich in ihrem Wesen und eins in der Liebe".

Und ich höre ein Seufzen, und ich höre ein Jubeln in den Himmeln.
Da spricht die Stimme erneut zu mir: „Es gibt Vatergeister und Geister des Sohnes und Geister des Heiligen Geistes, und es gibt Geister, die in mir die Mutter sehen und diese jubeln. Die Geister des Vaters aber, die den Sohn nicht erkennen (ja, auch diese gibt es), sie seufzen, und ihr Seufzen dauert mich. Wie wollen sie mich begreifen, wo sie den Sohn nicht begreifen, und wie willst Du das begreifen, Du, der Du an meiner Hand gehst und das alles schreiben wirst und Du, der Du es lesen wirst".

FÜR DIE FREIHEIT

Kreise drehen sich in meinem Kopf, ein Stückweit entgleite ich Ihr, nun, das kann wohl nicht anders sein.
LIEBES-BEWUSSTSEIN, Konzentration, Opfer, ein erster Raum.
Entstanden ist der Raum für alles, was von der Gottheit geschaffen wurde. Als oberstes Geschenk und größter Liebesbeweis wurde der Raum geschaffen - für die Freiheit.

Hier durchfährt mich ein Frösteln. „Für die Freiheit", sagen mir ihre Augen:
„Für die Freiheit".
Ich bin immer ganz wach, wenn es um die Freiheit geht, und doch so werde ich mir gerade bewußt, ich bin so ergriffen von den gewaltigen Bildern, denen ich beiwohnen darf, daß ich mir die Frage nach der Freiheit noch gar nicht stellte. Oder doch?
„Hast Du noch Fragen, so stelle sie", und kaum werden mir meine Fragen bewußt, zieht eine große Freude in mich ein.
Und plötzlich wird mein Herz ganz leicht, ja, ja so ist es, mir wird es klar, so unbeschreiblich klar:

Die Gottheit hat nichts Böses geschaffen. Die Gottheit hat nur aus sich heraus geschaffen, aus ihrer Substanz, aus ihrer Essenz, und alles zuerst Geschaffene trägt etwas Göttliches in sich und ist geschaffen wie sie , aber die Gottheit zwingt nicht, sie läßt zu, läßt Freiheitsmißbrauch zu, und das erste Böse ist der Mißbrauch von Freiheit.

Dieses Wissen werde ich wohl nie mehr vergessen, es ist vielleicht das zentralste und größte Geschenk dieser Reise:
Die Gottheit ist die Liebe und die Liebe hat nichts Böses geschaffen, aber sie läßt Freiheitsmißbrauch zu.
Ich weiß, diesen Punkt werde ich von nun an immer wieder erklären, immer wieder sagen müssen, denn das war eine meiner zentralsten Fragen: Wo kommt das Böse her, wo kommt die Schlange her im Paradies, wieso läßt die Gottheit die Kriege zu, die individuelle Not, wie kann ich sagen: Es ist eine Gottheit der Liebe, wenn täglich Kinder verhungern, wenn er die Atombombe und Seuchen und ... zuläßt? Ja, ja, ja, er ist die Gottheit der Liebe, und in ihrer Liebe läßt sie zu. Warum?

ALLES HAT SEINE ORDNUNG

Kaum habe ich diese Frage gestellt, tauche ich wieder in ihren Augen ein und sehe ein gewaltiges Wunderwerk vor mir. Wie lange war ich in meinen Gedanken abgetaucht? Was habe ich alles verpaßt? Ich sehe Engel und Wesen, ungeheuer schöne Wesen, gewaltigste Wesen, erschreckende Wesen in ihrer Mächtigkeit, ich sehe Herrschaften, sehe Wesen der Liebe und Wesen der Weisheit, alle und alles geschaffen von dem Sohn, aus seiner Essenz geschaffen, aus Liebe (als Beweggrund) und aus Liebe (als Substanz) geschaffen. Hineingelegt in den Bauch der Sophia, in die unendlichen Weiten der Weisheit. Ich sehe strahlende, glückselige, demutsvolle Wesen, Wesen die ihren Ursprung kennen, jedes an seinem Platz. Alles ist in Bewegung, alles hat seine Ordnung, es gibt ein Oben und ein Unten und nur eine Qualität - die Liebe.

Ich kann mich an diesem erschreckenden und mich zu tiefst erschütternden Anblick nicht satt genug sehen. Angst?

Nein, Angst habe ich keine. So klar und gut ist dies alles, und ich weiß, das ist ein Himmel. In die göttliche Weisheit, aus göttlicher Liebe hineingelegte, göttliche Wesen; hiernach ist nur noch die dreifache

Gottheit. Und alle Schöpfung jubelt. Alles ist gut. Ich sehe drei Wesen des Vaters und drei Wesen des Sohnes, und ich sehe drei Wesen des Heiligen Geistes und ich sehe diese drei mal drei Wesen alle miteinander kommunizieren, sehe ihre gewaltige, kraftvolle Liebesfähigkeit, sehe sie in aller Ordnung, die zu erklären mir versagt bleibt, sehe sie neue Wesen kreieren. Ja, ich sehe neue Geschöpfe entstehen, von den vorhandenen Wesen hervorgebracht.

DER GROSSE RAUB

Ja, es ist eine Feier, ein Gesang, ein Brausen im Himmel und dann - dann tritt eine tiefe Stille ein, ich kann nichts vernehmen, und aus allen Bereichen treten erst einzelne und dann ganze Scharen hervor und wenden sich ab, und plötzlich sehe ich ihn wieder. Ihn, den ich als Lichtträger oder Luzifer kenne, er steht mitten unter ihnen. Gotteskind unter Gotteskindern - und er führt sie, Heerscharen von Lichtwesen führt er in einen anderen lichtflutenden Raum. Ich weiß nicht wieso, aber ich weiß, das ist das Nichts, anders zwar als vorher, nicht wiedererkennbar, aber es ist das Nichts, es strahlt und sein Licht ist das Licht der geraubten Erkenntnis. Ich sehe dort Welten über Welten und sehe dort eine Vielzahl unterschiedlichster Wesen und dorthin führt er sie, der Auszug der Gotteskinder, er führt sie weg, fort in ein Licht der Erkenntnis. Aber es ist geraubte Erkenntnis, es ist nicht ihre wirkliche Heimat, es ist das, was er Heimat nennt, was er geschaffen hat, er, der Mächtigste und Klügste, der Strahlendste unter den Geschaffenen, die da handeln. Ich schweige, wo ist die Gottheit, warum läßt sie diesen erneuten Raub zu, wo ist Sophia, die Weisheit, wie kann sie

schweigen? Ist denn keiner da, der sich diesem Zug entgegen stellt?
Der Himmel hält den Atem an, alles schweigt, und es ist wie eine große Traurigkeit über den Verlust. Ich weine, ich weine und bin zutiefst erschüttert. Wie kann Gott das zulassen?
Alle, die da gingen, waren gut, voll der Liebe und können gar nicht anders sein als Gut, und doch konnte man sie blenden.
Alles verschwimmt vor meinen Augen und ich schmecke die Tränen, und Tränen netzen mein Ohr, und einen Moment lang sehe ich mich weinend im Bett, aber dann merke ich, daß nicht nur ich weine, nein, die Augen, die mir als See, als Spiegel dienten, trüben sich, ja, ich bin mir sicher, auch diese Augen weinen über den Verlust dieser Gotteskinder. Weinen, weil dies nur möglich war, weil ihr zuvor ein Teil von Ihr geraubt wurde.

Und durch all dieses Weinen - und alle in den Himmeln weinen über diesen Raub und die Hilflosigkeit - sehe ich, wie der Sohn ein neues Wesen kreiert. Aus sich nimmt er, aus seiner Brust reißt er, unter größtem Opfer und Schmerzen ein neues Wesen, und als ich es sehe, da schreie ich auf, nein, nicht das, das darf nicht sein. Als Antwort auf diesen Raub, als Antwort auf diesen Verlust kreiert er ein Wesen, in dem ich den Menschen erkenne. Und er spricht mit diesem Wesen, und er liebt dieses Wesen und schenkt diesem Wesen seinen heiligen Namen, und er verkündet diesen heiligen Namen allen Zeugen und Geburtsgästen, allen Wesen, die da sind in den Himmeln. Von diesem Punkt an kann kein Wesen, das in den Himmeln ist, mehr zweifeln. Seien es Engel, Erzengel, Fürstentümer, Throne, Mächte oder Gewalten, seien es der Seraph oder sogar der Cherub, sie alle erhalten als Geburtstagsgäste das Geschenk der ewigen Verbundenheit mit Gott. Und ein Tosen und ein Jubilieren erfüllt den Himmel, eingetaucht in die göttliche Gnade.

DER MENSCH IST DIE FREIHEIT

Eine Wesenheit bekam dieses Geschenk nicht, denn auch die Gottheit hält sich an ihre eigene Ordnung. Sie verschenkt diese Gnade der ewigen Verbundenheit zur Gottheit und nimmt dafür die verbleibende Freiheit und schenkt sie dem, der das Wesen der Freiheit ist. Der heilige Name dieses Wesens ist FREIHEIT, der Träger dieses Namens ist der Mensch. Nicht wurde er ausgestattet mit besonderen Talenten, mit besonderer Kraft und Klugheit, nicht ausgestattet mit sonstigen besonderen Befähigungen. Entstanden aus der Essenz Gottes, der Liebe, erhält dieses Wesen ein Geschenk ungeheuren Ausmaßes:
das Geschenk der Freiheit.

JA, DER MENSCH IST DIE FREIHEIT

Ließ Gott bisher den Mißbrauch von Freiheit zu, so ist das, was jetzt geschieht, ein aktives Handeln, er schafft das Wesen Freiheit, und das ist ein weiteres der gewaltigen Opfer der Gottheit. Die erste große Opfertat des Sohnes, war das eigene Zurückziehen aus dem LIEBES-BEWUSSTSEIN. Und das sehe ich auf einmal ganz deutlich, das was da geopfert wird, wird nicht geopfert, sondern opfert sich freiwillig. Der Vater, der vom Sohn geliebt wird, der Sohn, der seine Individualität opfert und sich dem Vater gleichmacht, und der Heilige Geist als die Individualität des Sohnes, die da geopfert wird. Ich sehe und erkenne die Dreieinigkeit in der Liebe. Die Dreieinigkeit ist doch eine Einheit, ist eine Gottheit. Durch die zweite gewaltige Opfertat, die das Wesen Freiheit hervorbrachte, entsteht für alle Zeiten und Ewigkeiten der legitime Binär, die gottgewollte Zweiheit. Hier die Liebe, dort die Freiheit. Daß Freiheit möglich ist, heißt für die Gottheit Verzicht, Verzicht auf die Allmacht.

Ja, ja, ja, die Gottheit ist allmächtig, aber mit der Schaffung des Menschen verzichtet diese Gottheit

auf ihre Allmacht, denn Freiheit ist nur möglich, wenn jeglicher Machtanspruch auf dieses Wesen erlischt.
Dies ist die ungeheure Antwort Christi auf den zweiten Sündenfall. Er macht sich ein Stück weit ohnmächtig - ohne Macht. Und so sicher ich weiß, daß die geraubte Weisheit durch das Licht des wahren Opfers zurückfinden kann, so kann die Macht überwunden werden durch die Freiheit.
Doch das Wesen Mensch erscheint klein, so klein. Ja, das letzte von der Gottheit geschaffene Wesen ist klein. Dieser Winzling soll der Träger der Freiheit sein, der Träger der Hoffnung aller, die Anteil haben am Sein? Alle anderen Wesen sind größer, der Cherub, der Seraph, die Gewalten, die Mächte und die Throne, die Fürstentümer, ja, selbst die Erzengel und sogar die Engel sind größer und herrlicher als dieser Mensch. Und doch, keiner ist, wenn der Mensch seinen Platz einnimmt, herrlicher. Der Mensch ist das Wesen der Freiheit. Er wird hinausgesandt bis an seiner Sehnsucht Rand, hinausgesandt in die strahlenden Weiten des Raumes.
Es ist herrlich hier und nicht schlecht, es ist paradiesisch. Dort hineingestellt, klein und unscheinbar, angreifbar und nicht besonders mächtig, hat er nur eine Aufgabe: dort zu Leben und allen dort lebenden

Wesen vorzuleben, daß es jederzeit und überall möglich ist, in Liebe zur Gottheit zu leben. Nicht in Liebe zur Gottheit leben zu müssen, nein, in die Freiheit gestellt, die Gottheit zu lieben und in ihrer Ordnung leben zu wollen. Welche Bürde, welche Last ruht auf diesem Wesen? Doch dieses Wesen tut es in Freiheit, wohl wissend, daß das Ende offen ist, wohl wissend, daß es nicht im Heiligen Buch der Weisheit geschrieben steht, wie dieser Gang endet. Wohl wissend, daß Gottes Verzicht auf die Allmacht für ihn bedeutet: Dieser greift nicht ein, er läßt zu - das ist die Bürde und das Geschenk des Menschen gleichermaßen.

Und ich begreife, die Erschaffung des Menschen und seinen Weg als das wirkliche Abenteuer, als den vielleicht größten Kampf.

Der Mensch als Wesen der Freiheit, hineingestellt in das Nichts, dem Herrn dieser „Gegenwelt" gegenübergestellt, freigelassen ohne garantiertes „glückliches Ende", in Freiheit diese Welt durchstreifend und in Achtung und Liebe zur Gottheit lebend. Auf daß alles, alles was Anteil hat am Sein, zur Gottheit durch das Wesen „FREIHEIT" zurückfinden kann.

Und mir ist, als hörte ich eine Stimme aus all meinen Zellen: Bleibe aus Liebe zu mir mir treu. Bleibe aus Liebe zu mir im Gehorsam. Das ist die Prüfung für Dich und die Chance für alle Wesen, die getrennt von mir leben. Tue dies aus Liebe, aber tue dies in aller Freiheit. Ich halte Dich nicht, ich zwinge Dich nicht, ich gebe Dich in die Hand des Versuchers, aber ich glaube an Dich, ja, ich glaube an Dich. Ich liebe Dich, und ich schenke Dir die Freiheit, ich opfere meine Allmacht für Deine Freiheit, Du kannst Verheerendes anstellen, wenn Du diese Freiheit mißbrauchst, aber ich liebe Dich und glaube an Dich.

Damit aber die Erinnerung an die Liebe nicht in Dir verblaßt, will ich Dich teilen, in Mann und Frau. So wie Du mir gleichst und mein Ebenbild bist und sich somit alle Wesen, die Dir begegnen, sich an mich erinnern können, so kannst Du Dich an mich erinnern, da ich Dich nun teile und ich Frau und Mann aus Dir mache und ich die Sehnsucht nach der Liebe in Dir nicht mehr verstummen lassen werde.

DIE TECHNIK

Und die Stimme, die nun in mir erklingt, spricht weiter:
Meine Gebote sind: Lebet unter ihnen, liebet einander und bleibet mir treu, daran können alle erwachen und erkennen, daß es ein Leben der Liebe gibt. Ihr seit mein Fuß in der Tür zu dieser Welt.
Aber laßt Euch nicht von der geraubten Weisheit verführen, sie ist überzeugend und gewaltig, sie ist mächtig, und sie weiß, was sie will. Wenn Euer Wille schläft, wird sie kommen, sie wird Euch alles versprechen: Leben, Glück, Reichtum und Macht, Ansehen und viel buntes Spielzeug. Glasperlen wird sie Euch zuwerfen, schillernden Kleinkram. Ganze Welten wird man euch zu Füßen legen, und Sachen, die Ihr nicht kennt. Aber, sie wird Euch alles nehmen wollen, Eure Würde, Euren Namen, Eure Freiheit. Wenn Ihr diese verloren habt, braucht Ihr ihre Hilfe, ihre Technik. Es ist ihre Technik, Euch abhängig zu machen und Euch Eurer Freiheit zu berauben. Es ist ihre Technik, Euch dann Hilfen anzubieten, die Euch das Leben dann erleichtern - für den Preis Eurer Würde. Und Ihr werdet Edles geben müssen für Unedles, und Ihr werdet immer tiefer fallen. Die strahlenden Welten, die sie um sich her-

um aufgebaut hat, sie werden langsam weichen. Das, was vorher noch leicht und kraftvoll war, wird immer schwerer. Maschinen, die Du nicht kennst, werden Dir zur Seite gestellt. Wesen, die Du nicht kennst, werden Dir zur Seite gestellt. Du aber zahlst und zahlst und zahlst.

Warum sage ich: die Du nicht kennst? Ich sage: die Du nicht kennst, weil der Widersacher mit der geraubten Weisheit weiterhin kreativ ist. Er stellt Dir Hilfen zur Seite, die nicht aus mir heraus entstanden sind, sondern die Logik und die Gesetzmäßigkeiten seiner Welten führen zu Techniken und Methoden, die nicht von mir sind. Dir also wird Neues widerfahren, und den Dickicht zu entwirren, wird immer schwerer werden. Und in seinen Welten ist er Herr, und ihm scheint alles möglich, in seiner Welt hat er weiterhin die Macht.

DAS VERSPRECHEN

Aber in aller Wirrnis kann ich Dir versprechen: Du bist frei. Du bist frei, diesen Weg zu gehen, aber Du mußt ihn nicht gehen. Ich wünschte, Du bliebest in der Liebe und in der Achtung, als sichtbares Zeichen.
Ja, Du hast in jedem Augenblick Deines ewigen Lebens die Freiheit zurückzukommen.

All das und noch vieles mehr hauchte die Gottheit in den Menschen, bevor er allen anwesenden Gästen den heiligen Namen dieses Wesens verkündigte.

EINTRITT IN DIE ZEIT

Da werde ich behutsam an meinem Arm berührt, und sie führt mich fort. Mit jedem Augenblick der vergeht, spüre ich die ungeheure Kraft, die mich durchströmte, nicht wissend, wie ich diese aushalten konnte, und so ich von ihr ganz behutsam herausgeführt wurde, blieb immer noch gerade soviel Anspannung da, daß ich meine, gerade diese noch aushalten zu können.

Schritt für Schritt führt sie mich fort, und schon tauche ich in eine andere, gewaltige Strömung. Fast meine ich, die Strömung will mich von ihr wegreißen, ich will mich festklammern, ich brauche Halt. Da höre ich ihre Stimme: Laß los, laß Dich fallen und treiben, dieser Strom ist nicht nur Kraft, Du bist jetzt in der Zeit. Der Menschheitsstrom fließt nicht nur aus der Vergangenheit in die Zukunft, vielmehr kommt uns die Zeit aus der Zukunft entgegen.
Diesem Strom vertrauen wir uns an, und so nimmt er uns mit sich fort, und ich tauche in diesen gewaltigen Strudel immer tiefer ein, werde hineingezogen in einen Wirbel von Bildern und Abläufen, dieser Strom führt uns zu anderen Anfängen. Nach einer langen Reise tauche ich Hand in Hand mit ihr auf.

VISIONEN

Hier beginnt eine neue Reise, eine Reise, die mich mehr und mehr erschüttert.
Ich verweile häufig und sehe Sequenzen der Menschheitsgeschichte, überraschend deutliche Bilder. Ich erlebe so etwas wie Parallelwelten, sehe das Paradies, ebenso wie die Entwicklung der Einzeller, sehe immer wieder Menschen, als rein Geistiges ahne ich sie nur noch, als Seelisches stehen sie mir gegenüber, an den Wassern des Bewußtseins ruhend, als körperliche Wesen treten sie mir entgegen. Aber all diese Bilder sind in der Harmonie.
Ich sehe aber auch schreckliche Bilder, Bilder, wie wir sie auf Erden noch nicht sahen.
Bilder aus dem Reich der Gedanken, Pläne, Vorstellungen, Bilder auf dem Weg zum Werden.
Ich sehe die Menschheitsentwicklung und verharre an vielen wichtigen Momenten und werde unsagbar traurig. Wie oft schon kam die Lüge im Gewand der Wahrheit, wie oft schon wurden wir versucht, das Richtige zu früh , zum falschen Zeitpunkt, zu machen, wie oft haben wir uns belügen lassen, haben wir uns Führern anvertraut, die mit großer Macht ausgestattet waren, die aber längst ihre Heimat verloren hatten, die längst abgeschnitten waren von

ihren wirklichen Wurzeln. So konnten oder wollten sie uns nicht richtig führen, sie konnten uns nur verführen. Führen ist immer schon fragwürdig.
Natürlich gibt es außerirdische Wesenheiten von körperlicher und nichtkörperlicher Art, und natürlich gibt es viele, die uns in der Entwicklung weit voraus sind. Immer wird es welche geben, die uns ihre Antworten anbieten, aber diese wissen nichts vom Wesen der Freiheit - von der Würde des Menschen, die es über alle Maße zu achten gilt.
Natürlich ist es angenehm, sich führen zu lassen, doch wer die Menschheit führen will, kann sie nur verführen.

DER GLAUBE DER ALTEN

Unsere Alten sagten:
„Der Glaube der Menschen sind die Götter, der Glaube der Götter ist der Mensch".
Und wer nicht an den Menschen glaubt, nicht daran glaubt, daß er in Freiheit zur Liebe zurückfindet, wer meint, er müsse der Menschheit von außen Impulse versetzen, meint, er müsse sie gar führen, der kann sie nur verführen. Von diesen gibt es, gewollt und ungewollt gar viele.
Es ist der Glaube an den Menschen, der den Menschen die Möglichkeit und die Kraft gibt, ihrer Aufgabe gerechtzuwerden.
Der Mensch braucht dieses Vertrauen, diesen Glauben an ihn. Er lebt nicht nur vom Brot allein, er lebt vor allem von diesem Vertrauen. Wer uns dieses Vertrauen nicht entgegenbringt, schwächt den Menschen, und ein jeder der uns ungefragt hilft, jeder der uns führen will, zeigt uns nur zu deutlich: Er glaubt nicht an uns.

HANDELSVERTRETER IN EIGENER SACHE

Was sagte die Frau, an deren Hand ich zu den Uranfängen gehen durfte:

„Weißt Du nicht, daß sie immer schon laut waren, daß sie schon immer faszinieren wollten, mit ihrem Blinken, mit ihren Erkenntnissen, ja, sogar mit ihrer Technik gehen sie hausieren? Sie machen ein gewaltiges Durcheinander und einen gewaltigen Lärm und wollen Dir ihn als Fortschritt verkaufen. Womit zahlst Du? Was ist der Preis?
Sie geben Dir Glasperlen für Deine Würde. Weißt Du denn nicht, daß Du viel mehr bist?
Sie sind Handelsvertreter in eigener Sache. Sie brauchen Dich und nicht Du brauchst sie.
Aber jetzt mußt DU Dich entscheiden."
Ja, in der Tat, so ist es.

JEDES ENDE IST EINE TÜR

Im Gegensatz zum ersten Teil meiner Reise geht hier alles rasant und schnell, und die Fahrt wird immer schneller und schneller und dann sehe ich ein Ende und noch ein Ende und immer mehr Enden.
Ja sind die denn alle möglich? Und ich tauche in mehrere gleichzeitig ein und stelle fest:
Jedes Ende ist nur eine Tür.
Welch eine Gnade.
Aber die Reiche, die Zustände hinter den Toren, sind doch sehr verschieden, so gewaltig, so furchterregend, so unendlich friedlich.
Ich bin völlig zerrissen und will nur wieder zurück, will nur durch eine Tür, ja, und genau die finde ich.
Ich gehe, aber eigentlich werde ich getragen, ja, getragen. Ich werde durch eine Tür getragen und behutsam gebettet.
Dieser Raum ist mir fremd. Die Tür über mir will sich schließen.
Aber ich sehe noch einmal diese Augen. Diese Augen, die so liebevoll und voller Weisheit sind. Dankbarkeit breitet sich in mir aus, und ich möchte sie umfangen und halten mit meiner Dankbarkeit. Auch dieser kurze Augenblick währt lange, sehr lange. Ein Teil von mir weiß:

Es war nur ein kurzer Moment und doch fühlt sich meine Seele gestreichelt, müde lege ich mich ins Bett zurück und schlafe mit dem Gefühl tiefer Geborgenheit ein.
Aus dieser Geborgenheit mag ich nicht mehr herausfallen und in aller Wahrhaftigkeit, diese Geborgenheit umfängt mich noch immer.

DREI GESCHENKE

Bis heute, bis jetzt, nachdem ich das hier alles niederschreibe, zum dritten Male niederschreibe, weil die ersten Fassungen so waren, daß wohl nur ich sie verstanden hätte, lebe ich in der Gewißheit der Geborgenheit.
Also bis heute, über 10 Jahre später, lebe ich immer noch in dem Bewußtsein der Geborgenheit.
Dies ist das erste großartige Geschenk, welches ich erhalten habe.
Das Geschenk der Geborgenheit.

Das zweite großartige Geschenk ist, daß ich für mich meine Würde neu gefunden habe. Die Würde des Menschen ist die Freiheit. Ich bin so einzigartig und frei, wie kein anderes geschaffenes Wesen. Kein Mineral, keine Pflanze, kein Tier, keine andere körperliche Intelligenz, kein Naturgeist und kein Engel, kein Etwas, ist so frei wie der Mensch.
Das ist mein zweites Geschenk: Das Bewußtsein meiner Freiheit.

Das dritte und vielleicht das schwerwiegendste Geschenk ist das Wissen um das Opfer.

Alles, was Anteil hat am Sein, ist aus diesem Opfer entstanden. Die Freiheit, als des Menschen Würde, ist aus dem Opfer der Allmacht entstanden.

DAS PERSÖNLICHE OPFER

Der stetige Freiheitsmißbrauch des Menschen, kann nur durch ein ununterbrochenes Opfer aus der geistigen Welt ausgeglichen werden.

Das freiwillige Opfer, und jedes Opfer geschieht in Freiheit, sonst ist es kein Opfer, ist der Schlüssel zur Erhaltung der Schöpfung, ist der Schlüssel zur Weiterentwicklung des Menschen. So wie Liebe immer mit Sehnsucht und Schmerzen einhergeht, so kann es Weiterentwicklung nur durch ein „sich Zurücknehmen" geben.

Diese unzählig vielen kleinen und großen Opfer machen Bestand, Weiterentwicklung und Neuschöpfung erst möglich.

Ohne die Opferbereitschaft der Mütter wäre menschliches Leben hier auf Erden nicht möglich.

Wohin uns der unbegrenzte Machbarkeitswahn einer Wissenschaft führt, die den freiwilligen Verzicht, das Opfer, nicht kennt, offenbart sich immer deutlicher.

All das Gerede von Überbevölkerung ist eine Lüge. Die Erde kann alle Menschen ernähren, nur wir, die wir im Überfluß leben, wir, die wir die Rohstoffe und Energiereserven, die Wasserreserven, die Regenwälder, unsere Sauerstofflieferanten verprassen, müssen

uns einschränken, müssen Opfer bringen. Dazu sind wir aber augenscheinlich nicht bereit.
Das dritte Geschenk ist also das Geschenk des persönlichen Opfers.
Die Frage ist also ganz einfach und von praktischer Natur: Ist man bereit zu verzichten, zu geben, sich zurückzunehmen, zu teilen?
Wenn man diese Frage grundsätzlich mit ja beantwortet, muß nicht mehr gewartet werden, bis alle anderen mitmachen (oder eben auch nicht mitmachen). In der geistigen Welt zählt jedes Opfer als Tat, und es wirkt, ob wir es direkt erleben, oder später, oder nie.
Opfer auf freie Entfaltung, auf Freizeit, damit sich jemand anderes entfalten kann, das Zurücknehmen im Gespräch, ja, immer dort wo ich mich zurücknehme, entsteht ein Raum, den ein anderer ausfüllen kann, in dem ein anderer sich verwirklichen kann.
Das geht bis ins Körperliche. Wo ich Konsumverzicht betreibe, spare ich Ressourcen, spare ich materielle Werte, mit denen andere überleben können.
Das Verzichten auf Karriere, die auf Kosten anderer geht, der Verzicht auf Erfolg als Autor, wenn man weiß: das Buch welches man gerade schreibt, wird erfolgreich sein, aber es ist voll von Umwegen und Halbwahrheiten.

DIE GOTTHEIT UND DU - IHR SEIT ZWEI EIGENE

Egal wie Du Dich bemühst, egal welche Meditationstechnik und Lebensführung Du wählst, egal wieviel Liebe Du lebst, Du bist durch das große Opfer der Gottheit zu etwas Eigenem geworden.

Du wirst, bei all Deiner Vollkommenheit und bei aller Gnade, bei allem eigenen Bemühen und obwohl Deine Substanz göttlichen Ursprungs ist, nie die Gottheit sein, denn Du bist auf dem Weg der Menschwerdung.
Wenn es ein Ziel gibt, dann gibt es das Ziel, daß Du Dir Deiner Würde bewußt wirst und den Platz in der geistigen Welt einnimmst, der dem Menschen zusteht, der Platz neben der Gottheit, neben der Gottheit der Liebe, als das Wesen der Freiheit.

Diese zwei großen Eigenen gibt es, diese heilige Dualität, der legitime Binär, vereint sich in der Liebe und wird dadurch zu einer Einheit, in der die Zweiheit erhalten bleibt, und sie wird zu einer neuen Heiligen Dreiheit. Die zwei sich Liebenden und die Liebe, die sie miteinander verbindet.

ENTSCHEIDE DICH JETZT

Nun habe ich doch noch von einem der Tore berichtet, durch das ich schauen durfte. Ich bekenne: Ich kann mir kein freudevolleres, harmonischeres Bild vorstellen. Dieses Bild ist eine der Möglichkeiten die wir haben. Es liegt an jedem einzelnen von uns, wie wir den Durchgang durch die Tür erleben, und durch welche Tür die Menschheit schreitet.
Sicher ist, wir, wir als individuelle Wesen und wir als Menschheit, werden an den Punkt kommen, da wir durch eines der Tore gehen müssen, spätestens dann werden wir uns entschieden haben müssen. Ob es einen letzten Moment für uns als Menschheit gibt, diese Entscheidung zu treffen, ob es einen letzten Moment für Dich und mich gibt, bis wann wir uns entschieden haben müssen?
Es scheint mir, als hätte die „Zeit" mir auf meiner Reise gesagt:
„Entscheide Dich jetzt".

EIN ETWAS ANDERES ENDE

Nun gibt es viele Möglichkeiten, ein Buch enden zu lassen.
Man könnte noch ein paar praktische Gebrauchsanweisungen geben, man könnte nochmal eine kurze Zusammenfassung versuchen, sozusagen die Essenz des Büchleins herausarbeiten. Ich habe an dem Schluß gearbeitet und gefeilt, und nichts war so, wie ich es in meinem Inneren wußte, wie es hätte sein sollen.
Aber da gibt es ein anderes Büchlein, ein ganz besonderes Büchlein, ein Büchlein, daß ich sehr, sehr liebe - ja, und dieses Büchlein hat einen wundersamen Schluß. Einen Schluß, von dem ich glaube, daß er besser ist, als alles, was ich sonst hätte zuwege bringen können.
Und so laß ich mein Büchlein Enden mit zwei Kapitel aus dem Buch von

Arthur Maximilian Miller:
DAS BÜCHLEIN
VOM REINEN LEBEN

EIN BEGREIFEN

Damit ist das Büchlein an seinem Ziel.
Dank dem, der michs hat schreiben lassen!
Wenn Irrtum darinnen wäre, so möge es alsbald an den Tag kommen! Das ist mein Anruf an den Geist der Wahrheit. Dem Irrtum aber möge Einhalt geboten werden im Herzen des Lesers! Darum fordere ich dich auf, Leser: Nimm nichts an, ohne es geprüft zu haben! Ebenso wie man nichts ißt, ehe man es besehen und geschmeckt hat, ob es gut sei.

Und damit beschließe ich also das Büchlein. Zum Ende aber frage ich mich: Wie hat es sein können, daß du es schriebest?
Daß du es einmal schriebest und verwarfst und nachher nochmal schriebest?
Ist da nicht ein Ruf dahinter, der dichs schreiben hieß?
Ist nicht ein Mund dahinter, der dirs einsprach?
Da kommt mir ein Begreifen:
Ich habe es nicht aus mir. Ich habe es wahrlich aus dir, jungfräuliche Frau!
Dein Geist hat mirs gegeben. Mit ihm habe ich geredet.

SIRIUS, DES BÜCHLEINS ENDE

In den hellen Frostnächten steht er über den Bergen.
Ist etwas reiner als sein Licht?
Eis und Kristall erreichen seine Reinheit nicht.
Farben wirft er wie Blitze aus. Blendend gehen alle aus und blenden nicht.
Schwerter sind seine Strahlen und dem Diamanten gleich.
Man weiß, daß der Tod ihn nicht berühren kann.
Rastlos wirft er sein Licht aus sich hervor. Man weiß, er hat es von niemand außer von Gott.
Daß er so leuchtet, daß er so groß hervorbricht, jeden Augenblick ist es die Tat, die wach ist und sich selber ist. Und darum ist der Tod ihm ferne.
Und darum ist ihm der Friede.
An ihn geknüpft sei dieses Büchlein mit einem kristallenden Faden!
Sirius, Gestirn, Du bist des Büchleins Ende.

NACHWORT DES HERAUSGEBERS

Dieses Buch „DER ANFANG" steht ganz bewußt zu Beginn der EDITION PANDORA.
In der EDITION PANDORA werden Fragen und Themen behandelt, die bisher gerne verschwiegen wurden. Die Autoren schauen auf das Geflecht zwischen Geheimdiensten, internationalem Finanzkapital, Regierungen und Wissenschaftlern, sie haben Themen aufgegriffen wie: Geheime Weltregierung, Mindkontroll, Außerirdische Intelligenzen und neue Techniken und ihren Mißbrauch.
Wir sind überzeugt, hier einen Zipfel dessen in der Hand zu haben, was der Wahrheit entspricht. Die Edition schaut auf die MACHT und wie diese dabei ist, die Weltherrschaft zu übernehmen.
Aber wie das bei diesen Themen so ist, immer läuft man Gefahr, im Lügengürtel gefangen zu werden, das Gespinst aus Lügen, Halbwahrheiten und Wahrheiten ist schier undurchschaubar. Wir lassen ausgestiegene „Insider" zu Wort kommen und greifen somit die an, die meinen, hinter den Kulissen an der Weltherrschaft ungestört basteln zu können. Ohne das Gegengewicht dieses Buches hätten wir jedoch die Reihe nicht in die Welt entlassen.

Empfehlenswerte Bücher, die Seelennahrung sein können.

Nach Ansicht des Herausgebers, ist dies eine empfehlenswerte Reihenfolge, da die Bücher unterschiedliche Seelenschichten ansprechen und so gegenseitig aufbauend wirken.

Exepury: Der Kleine Prinz
Bach: Die Möwe Jonathan
Gordon: Hallo Mr. Gott, hier spricht Anna
Körner: Johannes
Tolkin: Herr der Ringe
Benmann: Stein und Flöte
Kahlil Gibran: Der Prophet
Rilke: Das Stundenbuch
Miller: Das Büchlein vom reinen Leben
Anonymus: Die großen Arcanas des Tarot
(wichtig, hier ist nicht irgend ein Tarot Buch gemeint, sondern genau das. Erschienen im Herder Verlag)

DAS MONTAUK PROJEKT I

Entdecken sie die Wahrheit über das Phänomen Zeit!
Das „Montauk Projekt" deckt das erstaunlichste und am strengsten geheimgehaltene Forschungsprojekt der Geschichte auf. Es begann während des II. Weltkrieges mit dem „Philadelphia Experiment", bei dem die U.S. Navy in Zusammenarbeit mit der damaligen Elite der Wissenschaft (Nikola Tesla, Albert Einstein) Versuche durchführte, das Kriegsschiff USS Eldridge für feindliches Radar unsichtbar zu machen. Das Projekt wurde unterbrochen, nachdem es am 12. August 1943 zu einer kompletten Teleportation des Schiffes und seiner Besatzung gekommen war.
Das „Montauk Projekt" verbindet die Modalitäten der modernen Wissenschaft mit den höchsten esoterischen Techniken und katapultiert uns letztendlich über die Schwelle des Universums und unseres Bewußtseins hinaus. Wir alle wissen, daß „da draußen" irgend etwas ist, doch wir wissen nicht genau was.
Dieses Buch liefert nicht zuletzt ein paar handfeste Schlüssel darüber.

Preis: 30,- DM   ISBN 3-89539-269-3

RÜCKKEHR NACH MONTAUK

Die Spurensuche geht weiter!
„Rückkehr nach Montauk" deckt die geheimen okkulten Kräfte hinter der Wissenschaft und der Technologie auf, die beim Montauk Projekt verwendet wurden. Die Verstrickungen hinter dem größten Zeitreisenprojekt der Geschichte gleichen einem reich verzierten Wandteppich, der Verflechtungen von seltsamen Verbindungen wie beispielsweise des Cameron-Klans mit dem Ursprung der amerikanischen Raketen- und Raumfahrttechnik oder die bizarre Geschichte des elektronischen Transistors und der Magie des Aleister Crowley, Jack Parsons und L. Ron Hubbard aufzuweisen hat.
„Rückkehr nach Montauk" bringt neue Anhaltspunkte und Namen hinter dem Montauk Projekt ans Tageslicht und nimmt den Leser auf eine Reise mit, die das Szenario des ersten Buches um ein Weites übersteigt.

Preis 30,- DM   ISBN 3-89539-270-7

DAS MONTAUK PROJEKT III

(erhältlich ab Januar 1996)
Preis: 30,- DM   ISBN 3-89539-272-3

DIE INTERVIEWS ZUM MONTAUK PROJEKT

Duncan Cameron, Peter Moon, Nichols und Al Bielek werden in diesen Interviews befragt über Ihre Erfahrungen mit dem Philadelphia Experiment und dem Montauk Projekt. Befragt über Zeitexperimente, befragt über das Gedankenkontrollprogramm der Regierung. Für diejenigen, die die Montauk Bücher kennen bietet dieses Buch wertvolles Hintergrundmaterial. Für denjenigen, der die Montauk Trilogie noch nicht kennt, kann dieses Buch ein faszinierender Einstieg sein.

Preis: 28,- DM
ISBN 3-89539-271-5

EDITION PANDORA
Tel.: 08861/59018 Fax: 08861/67091

Diese Titel erhalten Sie im Buchhandel oder über die Edition Pandora im Michaels Vertrieb, Sonnenbichl 12, 86971 Peiting.

ISBN 3-89539-279-0

DIE INTERVIEWS ZUM MONTAUK PROJEKT

Duncan Cameron, Peter Moon, Nichols und Al Bielek werden in diesen Interviews befragt über Ihre Erfahrungen mit dem Philadelphia Experiment und dem Montauk Projekt. Befragt über Zeitexperimente, befragt über das Gedankenkontrollprogramm der Regierung. Für diejenigen, die die Montauk Bücher kennen bietet dieses Buch wertvolles Hintergrundmaterial. Für denjenigen, der die Montauk Trilogie noch nicht kennt, kann dieses Buch ein faszinierender Einstieg sein.

Preis: 28,- DM
ISBN 3-89539-271-5

EDITION PANDORA
Tel.: 08861/59018 Fax: 08861/67091

Diesen Titel erhalten Sie im Buchhandel oder über die Edition Pandora im Michaels Vertrieb, Sonnenbichl 12, 86971 Peiting.

Neben der EDITION PANDORA arbeiten wir an einer weiteren Edition, der EDITION SIRIUS.

In dieser EDITION SIRIUS erscheint : Millers, Büchlein vom reinen Leben und eine Anzahl weiterer Titel. Das, was diese Titel einen soll, ist die Qualität die ihnen innewohnt. Eine Qualität, die in die Zukunft trägt. Es soll sich also um Titel handeln, die jeder für sich, den Lesern so etwas wie ein „Rüstzeug" mitgibt - sei es etwas Hoffnung, sei es etwas Kraft, sei es etwas von der Freiheit die dem Menschen innewohnt. Die Wolkendecke aufreißen und etwas von dem Lichte durchlassen, in das wir alle eingebettet sind, ist das Ziel dieser Edition.

Band 1. der EDITION SIRIUS:
Arthur Maximilian Miller:
Das Büchlein vom reinen Leben
ISBN Preis DM 20,--
in Leinen gebunden / silberner Prägedruck

„... Dieses Büchlein könnte ich auch ungeschrieben lassen; denn es ist Dir nicht not. Soll ich aber darum von meinem Beginnen wieder ablassen? Weil nicht Not dabei ist? Ach es verlangt uns danach, auch einmal etwas ohne Not zu verrichten! Denn diejenigen Dinge, die ohne Not verrichtet werden, das eben sind die reinen Dinge"